KU-577-482

El Flautista de Hamelín

The Pied Piper

retold by Henriette Barkow
illustrated by Roland Dry

Spanish translation by Maria Helena Thomas

MANTRA LINGUA

Unos piensan que esta historia es verdadera y otros creen que es mentira, pero de cualquier manera, la cuento porque me inspira.

Hace muchos, muchos años, había una vez un pueblo llamado Hamelín. Era un pueblo normal, con gente normal, como tú y yo, hasta que un año las RATAS invadieron el pueblo. Ratas grandes y pequeñas, gordas y flacas, por dondequiera que vieras: ¡RATAS!

Some people believe this story is true, and others that it is not. But either way this story I will tell to you.

Many years ago, in the days of old, there was a town called Hamelin. It was an ordinary town, with ordinary people just like you and me.
One year the town had an invasion of RATS. There were big rats and small rats, fat rats and thin rats. Wherever you looked there were RATS!

Como podrás imaginarte la gente del pueblo estaba muy enfadada. Fueron al ayuntamiento y le pidieron al alcalde que hiciera algo.

"¿Qué puedo hacer?" —les gritó- "¡Yo no soy cazador de ratas!"

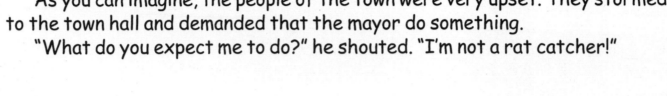

As you can imagine, the people of the town were very upset. They stormed to the town hall and demanded that the mayor do something.

"What do you expect me to do?" he shouted. "I'm not a rat catcher!"

En ese preciso instante apareció un forastero, con una vestimenta extraordinaria y con una flauta en la mano. La multitud se le quedó mirando, como miran las multitudes a los forasteros, pero a él no le importó.

At that very moment a stranger appeared, wearing the most unusual clothes and holding a pipe in his hand. The crowd stared at the stranger, the way that people often stare at strangers, but that didn't bother him.

El forastero se dirigió al alcalde y le dijo: "Me llaman el Flautista y por veinte monedas de oro haré desaparecer a todas las ratas del pueblo."

Al alcalde esto le pareció muy bien y dijo: "Si haces lo que prometes yo te pagaré lo que pides."

The stranger walked straight up to the mayor and introduced himself. "They call me the Pied Piper and if you pay me twenty pieces of gold I will take all your rats away."

Well this was music to the mayor's ears. "If you can truly do what you say, I shall be more than happy to pay you," he replied.

La gente del pueblo observó y esperó. ¿Sería posible que el Flautista realmente pudiera hacer desaparecer a todas las ratas? ¿Las grandes y las pequeñas? ¿Las jóvenes y las viejas?

The town's people waited and watched. Could this so called Pied Piper really get rid of all the rats - the big rats and the small rats, the young rats and the old rats?

Lentamente el Flautista empezó a tocar su flauta y ocurrió algo extraordinario. De todos los recovecos del pueblo comenzaron a salir miles de ratas y, encantadas por la música, siguieron al Flautista.

The Pied Piper slowly started to play his pipe and an unbelievable thing happened. From every nook and cranny the rats poured out onto the street, and under the spell of the music, they followed the piper.

Le siguieron fuera de Hamelín y hasta el río Weser. Allí el Flautista cambió de melodía y las ratas se echaron al río y se ahogaron todas entre gritos y lamentos.

They followed him out of Hamelin town to the river Weser. Here, the Pied Piper changed his tune and with a mournful wailing, the rats threw themselves into the icy water and drowned.

Pero el alcalde de Hamelín era un hombre muy avaro y no tenía ninguna intención de pagarle al Flautista así que cuando éste fue a reclamar sus monedas de oro el alcalde se rió y le dijo: "Ahora que se han ido las ratas, ¿para qué voy a pagarte?"

Now the mayor of Hamelin was a greedy man, and he wasn't going to give any money to a stranger. When the Pied Piper came and demanded his pieces of gold the mayor laughed and shook his head. "Now that the rats are gone why should I give you anything?" he snarled.

La gente del pueblo se detuvo y escuchó esas palabras, pero no defendieron al Flautista a pesar de que sabían que el alcalde estaba equivocado.

The people stood and listened. They didn't stand up for the piper, even though they knew that their mayor was wrong. They didn't say a word.

"Piénsalo bien, alcalde, si no me pagas haré que este pueblo sufra más de lo que te puedas imaginar." —amenazó el Flautista.

Pero el alcalde no podía imaginarse nada peor que la invasión de ratas y se alejó gritando: "¡NUNCA TE PAGARÉ!"

"Think again, mayor!" the piper warned. "If you don't pay, then I will make this town suffer more than you can ever imagine."

Well the mayor couldn't think of anything worse than the rats and so he stomped off shouting: "I WILL NEVER PAY YOU!"

Esa misma tarde, mientras la gente del pueblo reparaba el daño ocasionado por las ratas, el Flautista se paró en medio de la plaza. Lentamente alzó su flauta y se puso a tocar una melodía imposible de describir con palabras.

That very afternoon, while the people were busy repairing their town, the Pied Piper stood in the town square. Slowly he lifted the pipe to his lips, and played a tune that no words could describe.

Con cada nota que tocaba se acercaban más y más niños a bailar y cantar al son de la música.

With each new note more and more children appeared, and danced and sang to the music.

El Flautista se dio la vuelta y empezó a alejarse del pueblo mientras continuaba tocando la flauta. Todos los niños le siguieron, como si la música les hubiera embrujado.

The Pied Piper turned and walked out of the town playing his pipe and all the children followed, caught under the spell of his music.

Subieron la colina cantando y bailando al ritmo de la melodía.
Cuando parecía que ya no podrían avanzar más se abrió una puerta
en la colina y uno a uno todos los niños siguieron al Flautista quien se
adentró en la colina para siempre. Todos menos un niño, demasiado
débil para seguir al resto.

Up the hill they danced and sang to the rhythm of the tune. When it looked like they could go no further, a door opened before them. One by one the children followed the Pied Piper into the heart of the hill forever. All except one, who could not keep up with the others.

Cuando ese niño regresó al pueblo parecía que se había roto en encantamiento.
Cuando relató lo que había visto la gente le miró con incredulidad.
Llamaron y lloraron por los niños pero estos nunca regresaron.

When the little boy returned to the town it was as if a spell had been broken.
The people stared at him in disbelief when he told them what had happened.
They called and cried for their children, but they never saw them again.

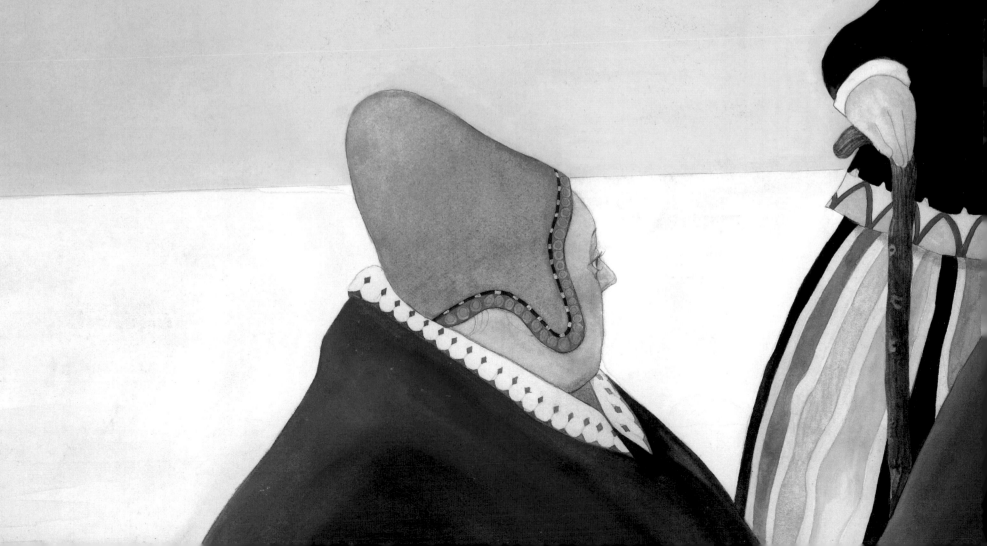

Key Words

town	oueblo
people	gente
rats	ratas
town hall	ayuntamiento
mayor	alcalde
rat catcher	cazador de ratas
stranger	forastero
clothes	vestimenta
pipe	flauta
crowd	multitud
pied piper	flautista
twenty	veinte
pieces of gold	monedas de oro

Palabras claves

music	música
playing	tocando
river	río
greedy	avaro
money	dinero
suffer	sufrir
children	niños
danced	bailaron
sang	cantar
rhythm	ritmo
tune	melodía
hill	colina
spell	Encantamiento

La leyenda del Flautista tiene origen en hechos ocurridos en el pueblo de Hamelín en Alemania. La historia se origina en 1284.

Si quieres más información, existe una excelente página web en inglés sobre el pueblo de Hamelín. La dirección de internet es: www.hameln.com/englis

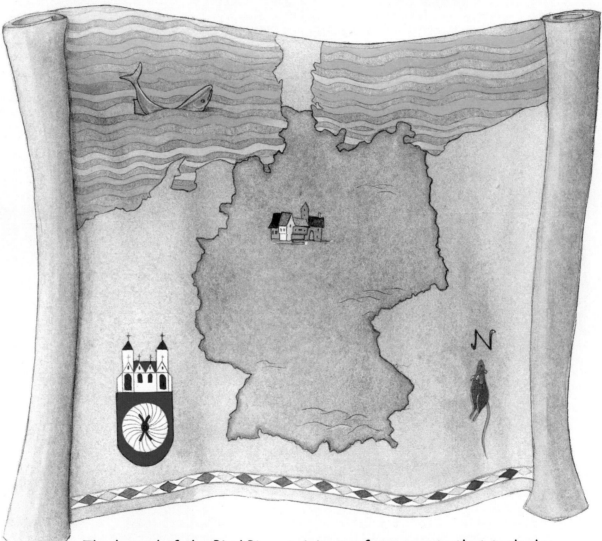

The legend of the Pied Piper originates from events that took place in the town of Hameln in Germany. The story dates back to 1284.

If you would like more information the town of Hameln has an excellent web site in English: http:www.hameln.com/englis

If you've enjoyed this bilingual story in Spanish & English look out for other
Mantra titles in Spanish & English

Folk stories in Mantra's World Tales Series

Buri and the Marrow- an Indian folk story
Buskers of Bremen - adapted from the brothers Grimm
Don't Cry Sly - adapted from Aesop's fables
Dragon's Tears - a Chinese folk story
The Giant Turnip - a Russian folk story
Goldilocks and the Three Bears
Jack and the Beanstalk - an English folk story
Not Again Red Riding Hood
The Pied Piper - a German legend
Three Billy Goats Gruff - an Scandinavian folk story

Myths and Legends in Mantra's World Heritage Series

Beowulf - an Anglo Saxon Epic
The Children of Lir - a Celtic Myth
Hanuman's Challange - an Indian Myth
Pandora's Box - a Greek Myth

Mantra's Contemporary Story Series

Alfie's Angels
Flash Bang Wheee!
Lima's Red Hot Chilli
Mei Ling's Hiccups
Sam's First Day
The Swirling Hijaab
That's My Mum
The Wibbley Wobbley Tooth

Mantra's Classic Story Series

Handa's Surprise
Splash!
Walking Through the Jungle
We're going on a Bear Hunt
What shall we do with the Boo Hoo Baby?

Many of the above books are also available on audio CD. To see the full range of Mantra's resources
do visit our website on www.mantralingua.com